Los presidentes

Mary Kate Bolinder

Los presidentes hacen muchas cosas.

Son nuestros líderes.

Trabajan desde la
Casa Blanca.

Piensa y habla

¿En qué otros lugares trabaja el presidente?

Ayudan a hacer leyes.

Dan discursos.

Dirigen a nuestros soldados.

Ayudan a quienes lo necesitan.

El presidente trabaja
para todos nosotros.

Salta a la ficción

Soñar en grande

Nina tiene un gran sueño.

Quiere ser presidenta.

Civismo en acción

El presidente hace muchas cosas. Tú puedes ayudar a otros a saber más sobre el trabajo que hace el presidente.

1. Piensa en todo lo que hace el presidente.

2. Crea un cartel sobre una cosa que hace el presidente.

3. Comparte tu cartel con los demás.